Vous souhaitez prendre enfin soin de vous, mais vous ne savez pas par où commencer ? Cette boîte de « Méditations du matin » est faite pour vous. Cette édition du matin est composée de 4 sections : « Affirmations », « Visualisations », « Actions » et « Respirations ».

Amor
journée avec le s
une ou plu
et en suivant

Inprint LA MAISON HACHETTE PRATIQUE
58, rue Jean Bleuzen – 92178 Vanves Cedex
www.hachette-pratique.com

Direction Hachette Pratique : Catherine Saunier-Talec
Responsable d'édition : Stéphane Rosa
Responsable de projet : Fanny Ecochard-Martin
Relectures : Céline Derouet et Amélie Poggi
Direction artistique et illustrations : Laura Lhuillier
Réalisation graphique : NordCompo
Fabrication : Cécile Alexandre-Tabouy
Responsable communication : Johanna Rodrigue
Responsable partenariats : Dana Lichiardopol
(dlichiardopol@hachette-livre.fr)

Dépôt légal : août 2021
40-0591-5/02
ISBN : 978-2-01-628036-2
Achevé d'imprimer en Mai 2023 par Toppan Leefung en Chine.

AFFIRMATIONS

On manque parfois de temps pour se poser longuement afin de méditer.
Cependant, il suffit de prendre quelques secondes pour faire la différence.
Vous allez tirer une carte au hasard.
Lisez attentivement l'affirmation, puis répétez-la cinq fois de suite. Vous pouvez choisir de répéter cette phrase à voix haute, ou bien mentalement.

VISUALISATIONS

Il s'agit ici de la section qui va vous demander le plus de temps (dix bonnes minutes), car vous aurez besoin de vous concentrer.
Le principe est de parvenir à imaginer des formes, des couleurs et des intentions, afin de lâcher prise et de commencer sa journée sur de bonnes bases.
Pour optimiser ce moment, isolez-vous dans un endroit calme avec votre carte. Lisez l'exercice attentivement puis fermez les yeux, et essayez de reproduire mentalement ce que vous avez lu.

ACTIONS

Le but de cette section est de vous faire comprendre que « méditer » ne rime pas toujours avec « spiritualité ».
Vous avez, avec ces cartes qui détaillent des actions très simples, l'occasion de mettre en place une routine efficace pour vous faire du bien dans votre quotidien.
Piochez une carte, lisez-la et enchaînez directement avec l'action énoncée.

RESPIRATIONS

Pour lâcher prise efficacement, le meilleur allié reste évidemment le souffle.
C'est le passage des énergies, le fameux *prana* (ou qi en médecine chinoise).
Piochez une carte. Vous pouvez d'ailleurs l'utiliser seule, ou associée à une carte piochée dans la section « Affirmations ».

Vous trouverez une brève consigne de l'exercice à reproduire et une indication du nombre de répétitions pour que vous puissiez reproduire la respiration de manière optimale.

Il vous suffit de rouler la langue pendant l'inspiration comme une paille. Le bout de votre langue doit ressortir un peu de la bouche, mais sans créer de tensions. Si vous ne parvenez pas à rouler votre langue, formez avec votre bouche une très légère ouverture, de la taille d'une paille qui pourrait passer.

Puis retenez votre respiration, en rentrant la langue et en refermant la bouche ; enfin, expirez.

Donne une sensation de « frais » dans le corps, calme les tensions mentales, et est aussi bénéfique pour la digestion et le renouvellement sanguin dans le corps.

Contre-indications :
– ne pas pratiquer dans un environnement sale ou pollué ;
– ne pas pratiquer par temps froid.

Respiration du matin

Pratiquez cet exercice avec les yeux fermés, mais aussi en bouchant vos oreilles avec vos doigts. Lors de votre expiration, laissez le son « mmm » s'échapper afin de ressentir l'effet vibratoire, celui émis par un bourdon.

Cette respiration améliore la concentration et la mémoire. Elle aide à équilibrer les taux de sérotonine et de mélatonine. C'est un bon moyen de lutter contre la dépression.

le bourdonnement

Respiration du matin

Le vase

Le principe de *kumbhaka*, c'est la rétention d'air. Ce qui permettrait une sorte de respiration secrète intérieure.

Il s'agit dans cet exercice de reprendre les mêmes bases que pour la respiration carrée (carte que vous pourrez également retrouver dans ce paquet).

Vous allez inspirer sur quatre temps, bloquer le souffle pendant quatre temps, expirer sur quatre temps, et bloquer à nouveau poumons vides, sur quatre temps. Cette fois ci, notez la très subtile rétention d'air « consciente », que ce soit poumons vides ou pleins.

Notez également, en repartant sur votre respiration naturelle, indéniablement, qu'il existe également une rétention « inconsciente » très brève, presque imperceptible, entre chacune de vos inspirations et de vos expirations.
Votre exercice à vous est de vous concentrer sur cette partie inconsciente et de la ramener au premier plan. Cela nécessite de la concentration.

Respiration du matin

Il s'agit ici d'une respiration en quatre temps, uniquement effectuée par le nez.

Inspirez en comptant mentalement jusqu'à 4, puis bloquez votre souffle pendant quatre temps, les poumons pleins.

Expirez sur quatre temps, et bloquez également votre respiration, cette fois-ci les poumons vides.

Renouvelez l'exercice pendant plusieurs minutes avant de reprendre une respiration naturelle.

le carré

Respiration du matin

Le soufflet

Le soufflet est une respiration dynamique, qui réveil le système cérébral, idéal donc le matin.

Vous allez effectuer des cycles de respirations intenses et rapides. L'inspiration et l'expiration sont de même durée : brèves, de même intensité et distinctement séparées.

Cette respiration va vous permettre de purifier vos poumons et votre système digestif.

Contre-indications :

- grossesse ;
- capacité respiratoire diminuée ;
- problèmes d'oreilles (otites) ou de vision (décollement de la rétine) ;
- tension artérielle excessive ou insuffisante.

Il s'agit ici d'un exercice de respiration dynamique.

Vous allez effectuer de petites expirations rapides et énergétiques, qui se succèdent en rafales (imaginez le rythme d'un métronome). La respiration *kapalabhati* est une pratique de purification pour les poumons et le système digestif.

Contre-indications :

- grossesse ;
- capacité respiratoire diminuée ;
- problèmes d'oreilles (otites) ou de vision (décollement de la rétine) ;
- tension artérielle excessive ou insuffisante.

Avec *ujjayi*, la respiration de l'océan,
il s'agit d'écouter le son de son souffle.

Inspirez et expirez lentement par le nez,
en essayant de contracter légèrement la glotte
au fond du palais.

Pour ce faire, imaginez que vous souhaitez
faire de la buée contre une surface mais
en gardant votre bouche fermée.

Il s'agit donc ici d'une respiration sonore
qui a pour bienfait de redonner de la vitalité.

Respiration du matin

l'étoile

Installez-vous, assis ou allongé.
Fermez les yeux.

Visualisez une petite lumière vive au centre de votre corps, juste derrière le nombril. Vous allez maintenant, au rythme de votre respiration, laisser cette lumière circuler dans tout votre corps.

À l'inspiration, la lumière se dirige vers votre bras droit, jusqu'au bout des doigts.
À l'expiration, elle revient au centre.
À la prochaine inspiration, la lumière se dirige maintenant vers votre bras gauche, jusqu'au bout des doigts. À l'expiration, elle revient au centre.
Inspirez, laissez-la bouger vers votre jambe droite, jusqu'au bout de vos orteils. Puis expirez, laissez-la revenir au centre.
Selon le même procédé, à l'inspiration, déplacez la lumière vers la jambe gauche, cette fois-ci.
Expirez, elle revient derrière le nombril.
À la prochaine inspiration, emmenez-la vers le sommet de votre tête, tout en haut. Puis recentrez-la lentement, à l'expiration.

Répétez l'opération une seconde fois.
À la fin de cette boucle, envoyez la petite lumière vers les cinq points simultanément.

Imaginez le haut de votre corps séparé en trois niveaux distincts. Grâce au souffle, vous allez alternativement remplir et vider chaque niveau.

Commencez à inspirer en laissant votre abdomen se gonfler, c'est donc la partie inférieure qui se remplit.
Continuez votre chemin, toujours en inspirant, en gonflant votre cage thoracique : la partie médiane des poumons se remplit à son tour.
Enfin, l'air inspiré remonte davantage dans la partie supérieure, vous sentez le souffle passer par les narines.

Pour rendre cette respiration complète, il vous faudra faire le chemin inverse lors de l'expiration.

L'air passe par les narines et vide la partie supérieure, les poumons se désemplissent, enfin, le ventre se creuse légèrement.

Répétez l'opération autant de fois que nécessaire, jusqu'à ce que vous sentiez qu'il est temps de reprendre votre vie de tous les jours.

Respiration du matin

Inspirez profondément par le nez
et relâchez tout, bruyamment,
par la bouche.

Vous pouvez renouveler l'opération
trois fois.

le relâchement

Action du matin

la liste positive

L'humain a naturellement tendance à se focaliser sur ce qui pêche dans sa vie, et les challenges qu'il rencontre.

Pour commencer cette journée du bon pied, avec plus de légèreté, vous allez changer la donne. Vous allez dresser mentalement une liste des choses positives qui vous attendent aujourd'hui, par exemple :

Les personnes que vous appréciez avec lesquelles vous allez échanger.

Les bons plats que vous allez savourer.

Une musique qui vous plaît et que vous allez écouter.

Une activité que vous allez faire.

Un projet que vous allez commencer à mettre en place.

les clefs du contentement

Action du matin

Et si, le secret du bonheur, ce n'était pas d'aller le chercher ailleurs ? Tout est déjà en vous. Pour vous en rendre compte, vous allez activer les cinq clefs suivantes :

Connectez-vous : à l'endroit où vous vous trouvez, et à la façon dont vous êtes en train de respirer, là, maintenant.

Soyez actif : bougez si vous avez envie de sentir votre corps.

Soyez attentif : retrouvez l'émerveillement devant les choses simples de la vie, comme dans votre enfance.

Continuez à apprendre : ajoutez une dose de curiosité à votre vie.

Donnez : soyez plus empathique et bienveillant (envers vous-même, pour commencer).

CONFITURE
2021

Au moment de préparer votre petit déjeuner, placez-vous dans une bulle de tranquillité et, au lieu d'enchaîner les actions habituelles de façon presque automatique, concentrez-vous sur chaque étape, et surtout sur chaque sens engagé.

La saveur de votre boisson chaude, qui touche votre langue et coule dans votre gorge.
La découpe du pain, son odeur. L'onctuosité du beurre étalé, ou encore la couleur vive de la confiture...

Imprégnez-vous de tous ces détails, et notez finalement ô combien ils sont uniques chaque matin.

Action du matin

le pouvoir de l'eau

Quand vous prenez votre douche,
accordez-vous un instant pour apprécier
la sensation de l'eau qui coule sur votre peau,
le caractère agréable et réconfortant
de sa chaleur sur l'épiderme.

Action du matin

Essayez de vous concentrer uniquement sur votre souffle, sans vous laisser happer par vos pensées.

Restez là, immobile et silencieux, le plus longtemps possible, avant de commencer votre journée.

le silence

Action du matin

chanter les sons

Posez les mains sur votre gorge et visualisez la couleur bleue.

Chantez le son « a », pour ouvrir votre cœur.

Chantez le son « é », pour désintoxiquer votre gorge.

Chantez le son « e », pour lancer vos racines vers votre conscience.

Chantez le son « i », pour ouvrir votre conscience.

Reposez-vous un instant, dans le silence.

Accueillez la vie en consacrant une minute entière à vos émotions.

Les observer, toutes sans exception : sans vous juger, sans vouloir résoudre quoi que ce soit.

Frottez énergétiquement vos mains l'une contre l'autre et pliez vos doigts plusieurs fois.

Rapprochez ensuite vos mains devant vous, en namasté (« prière »), puis effectuez un mouvement de va-et-vient pour les rapprocher et les éloigner l'une de l'autre.

Vous sentirez alors l'énergie circuler entre elles. Cette sensation pourrait faire penser à deux aimants qui se repoussent.

Action du matin

Un vrai sourire sur votre visage.

C'est un message positif, envoyé directement au cerveau, qui permet de mettre toutes les chances de son côté pour passer une belle journée.

le sourire

Action du matin

le réveil en douceur

Une bonne journée débute toujours par un réveil en douceur.

Alors, avant de vous précipiter sur votre téléphone, prenez le temps de vous étirer de tout votre long : de la pointe des orteils à la racine des cheveux, et bâillez si vous en avez envie.

Visualisation du matin

le sac à dos des émotions

Vous portez quotidiennement un bagage émotionnel sur vos épaules. Comme un sac à dos rempli de pierres, dont il faudrait vous délester progressivement pour vous sentir plus léger.
C'est ainsi que vous allez commencer cette belle journée. Partez en voyage imaginaire. Dans votre esprit se dessine un beau chemin de randonnée. Vous êtes équipé, et sur vos épaules pèse cet énorme sac. Vous avancez péniblement, , car il provoque de multiples tensions physiques, mais également une confusion mentale. Pourquoi continuer à avancer si c'est si lourd à porter ?

Vous restez motivé, et désireux d'arpenter le chemin. Alors vous ouvrez ce sac et sortez une pierre pour la déposer à terre. C'est un premier soulagement, et vous prenez conscience qu'il sera bien plus facile de progresser sans tout ce poids qui repose sur vous.
C'est à vous, à vous seul, de comprendre que vous avez en main toutes les cartes pour vous délester de ces pierres. C'est un long chemin, une randonnée parfois remplie de péripéties. Mais vous savez ce qu'il vous reste à faire. Prenez votre temps, car rien ne presse.

Visualisation du matin

la bulle

Visualisez, au niveau de votre cœur, une bulle bougeant calmement au rythme de votre respiration. Afin de vous charger en émotions positives, vous allez faire voyager cette bulle.
À chaque inspiration, elle va grandir.
Elle commence par remplir votre corps. Vous êtes tout entier, protégé par cette bulle. À la prochaine inspiration, elle englobe désormais toute la pièce dans laquelle vous vous trouvez. Elle continue son cheminement, au gré de votre souffle. Toujours bien à l'aise, vous respirez et laissez la bulle faire son voyage.
Inspirez, elle prend possession de tout votre immeuble ou de votre lotissement. Laissez-la grandir encore : en inspirant, la bulle englobe maintenant tout votre quartier, puis votre ville, puis la région.
Vous continuez, sans perdre pied, à respirer en harmonie avec cette bulle d'amour.
Vous pouvez, si vous le désirez, essayer d'imaginer qu'elle continue à grossir, sans limite…

Petit à petit, revenez à votre quartier, à votre maison, à la pièce dans laquelle vous vous trouvez, puis à vous. Avec beaucoup de délicatesse, replacez cette bulle tout contre votre cœur. Et gardez maintenant cette sensation de légèreté et d'amour pour tout le reste de votre journée.

Visualisation du matin

La montagne

Imaginez que vous êtes assis face à une chaîne de montagnes. Prenez le temps de les observer, puis choisissez-en une en particulier. Celle que vous préférez. Concentrez-vous sur l'image de cette montagne, sa structure, la roche, les versants abrupts, les flancs, la neige, même, peut-être.
Vous notez l'immobilité de cette montagne. Stable, solidement ancrée dans le sol. Tandis que vous respirez calmement, vous incarnez vous aussi petit à petit cette montagne. Vous, assis là, immobile. Vos bras sont les flancs, votre tête le sommet, et votre corps l'ensemble majestueux. Qu'elle est belle, cette montagne, et pourtant, elle en subit, des choses.

Imaginez-la en pleine tempête, sous la pluie, sous la grêle. Imaginez-la souffrir de l'érosion du temps, des avalanches, etc. Malgré toutes les intempéries, la montagne reste là, forte, immobile et majestueuse. Elle est belle en étant simplement ce qu'elle est. Tout comme vous. De nombreux challenges secouent votre vie, des tensions, des ennuis, et pourtant vous restez là : droit, magnifique et puissant comme la montagne.
Laissez votre respiration calme et sereine représenter un moment cette tranquillité.

La nouveauté attise notre curiosité. Elle nous tient en haleine, nous inspire et est également l'espoir d'un changement positif dans notre vie. Le changement nous fait prendre conscience de certaines vérités.
Alors concentrez-vous un instant sur les différents points ci-dessous.

En répondant mentalement par oui ou par non, essayez de voir si, au cours des derniers jours, semaines, ou mois, vous avez eu l'opportunité de :

- Vous lancer dans un projet.
- Parler à de nouvelles personnes.
- Réaliser un de vos rêves.
- Briser la routine.
- Vous laver les dents avec l'autre main.
- Dire non quand vous aviez l'habitude de dire oui.
- Suivre ce que vous a dicté votre cœur.

Il n'y a évidemment aucun jugement à porter sur les réponses que vous venez d'apporter à ces points.
Ces points vous redonnent simplement l'énergie et la vitalité nécessaires pour aller de l'avant.
Pour conclure, sans nouveauté et sans changement, on est incapables d'avancer.

Visualisation du matin

Comment souhaitez-vous vivre cette journée ? Dans quel état d'esprit voulez-vous commencer cette matinée ? Votre vie est un terrain de jeux, vous avez l'opportunité d'en faire ce que vous voulez.

Respirez calmement. Sentez l'énergie véhiculée dans votre corps. Sentez le sang qui circule dans vos veines, de façon régulière et fluide.
Vos poumons se gonflent et se vident paisiblement. Votre cœur qui bat, là, en cet instant, pour vous.

Vous décidez de vivre cette journée avec bonheur et légèreté. Aujourd'hui est un nouveau jour, et vous êtes prêt à le vivre entièrement. Vous êtes plein d'énergie, votre corps et votre esprit sont prêts.
Vous débordez de motivation, d'inspiration, et vous vous sentez rempli de confiance et de sérénité.

Rien ne vous effraie, car vous savez que vous êtes prêt à vivre chaque expérience que cette journée vous réserve. Prenez une petite seconde pour poser une intention pour cette journée : un gentil mot que vous aimeriez vous adresser par exemple, ou une phrase motivante...

Visualisation du matin

le scan corporel

Posez-vous. Prenez le temps de respirer en visualisant votre corps dans son intégralité. Au rythme de vos douces inspirations et expirations, laissez votre esprit voyager en lui centimètre après centimètre.

Commencez par prendre conscience de vos pieds, de leur situation, de la sensation provoquée par la surface qu'ils touchent. Puis remontez lentement vers vos chevilles, vos mollets, vers vos cuisses. Sentez le relâchement de vos muscles et, tout en continuant à respirer, reprenez votre chemin. Votre bassin, votre ventre qui bouge lentement, votre buste...
Venez maintenant sentir la force de vos épaules, de vos bras, de vos mains. Effectuez un léger demi-tour pour revenir vers votre nuque, puis montez vers le visage. Ici, votre but sera de détendre chaque petit muscle. Relâchez la mâchoire, desserrez les dents, sentez la brise subtile de l'air qui entre et qui sort de vos narines. Vos paupières sont fermées, et votre esprit peut enfin lâcher prise.

Restez dans cette bulle quelques secondes.

Prenez quelques secondes ce matin pour laisser vos tracas et vos angoisses disparaître avec votre souffle.

Observez les mouvements de votre corps qui bouge au rythme de votre souffle naturel. Envoyez un sourire à ces poumons qui respirent pour vous. Un sourire sur le visage, que vous laissez également rayonner dans votre corps.
Portez ensuite votre attention vers votre cœur, cette pompe qui permet d'alimenter la vie dans votre corps. Percevez sa position, ses battements. Et, une nouvelle fois, au rythme de votre souffle, laissez un sourire se dessiner sur votre visage, puis faites-le rayonner vers votre cœur. Chargez-le en bienveillance. Votre corps fait de son mieux pour vous soutenir chaque jour. Alors prenez une profonde inspiration, conscient de tous les organes dont vous disposez, de l'espace qu'ils occupent. Envoyez-leur des sourires, aux uns et aux autres, un à un. Reconnaissez leur valeur, leur soutien, ressentez combien vous vous souciez d'eux.

Et, quand vous vous sentirez prêt, il sera temps d'ouvrir vos yeux et de reprendre le cours de votre journée.

Visualisation du matin

perspicacité & sagesse

Visualisez une boule de lumière indigo
qui pulse entre vos sourcils.

Voyez comme cette boule grossit à chaque
inspiration et se rétracte légèrement
à chaque expiration.

Répétez l'exercice autant de fois
que vous le souhaitez.

Visualisation du matin

Imaginez un bol de lumière orange éclatant et scintillant au niveau de votre bassin. Laissez surgir les sensations agréables d'une douce chaleur.

Respirez en visualisant la lumière s'intensifier. Répétez silencieusement : « Ma vie est force tranquille et flexible. »

Respirez et prenez votre temps avant de reprendre le cours de votre journée.

ancrage & sécurité

Visualisation du matin

Concentrez-vous un instant
sur votre respiration.

Visualisez une lumière rouge et étincelante au niveau de votre périnée, et imaginez que cette lumière descend, comme une puissante racine s'enfonçant dans la terre.

Cette racine vous nourrit de toutes les substances, de toute la force et la stabilité du sol.

Répétez intérieurement : « Je remercie la terre. Je suis en sécurité. Je ne crains rien. »

Respirez et prenez votre temps avant de reprendre le cours de votre journée.

J'ai confiance en moi.

Affirmation du matin

Je suis
en pleine
forme
physique et
mentale.

Affirmation du matin

Je fais
les bons
choix.

Affirmation du matin

Je m'écoute
et je suis
mes envies.

Affirmation du matin

Je décide d'être la meilleure version de moi-même.

Affirmation du matin

J'attire joie et bonheur dans cette journée.

Affirmation du matin

Aujourd'hui, je prends un peu de temps pour moi.

Affirmation du matin

Je suis
un aimant
à ondes
positives.

Affirmation du matin

Encore
une belle
journée qui
s'annonce.

Affirmation du matin

Affirmation du matin

Je me sens bien.